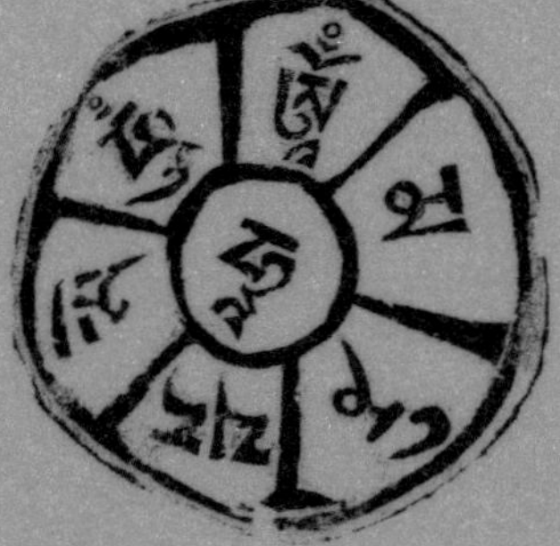

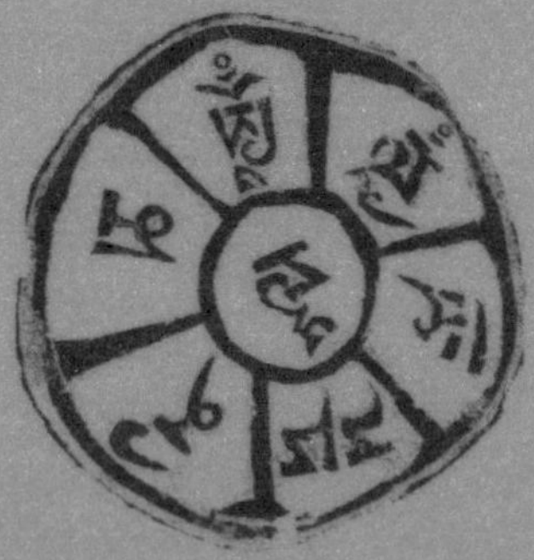

གནས་མཆོག་དཔལ་འབར།

圣土边坝

བོད་ཤར་ཕྱོགས་ངོ་མཚར་ཅན་གྱི་གནས་མཆོག་ཡུལ་དུ་བསྐྱོད་པ།

——走进西藏东部深处的秘地

全国百佳出版社
中央编译出版社
CCTP
Central Compilation & Translation Press

图书在版编目（CIP）数据

圣土边坝：走进西藏东部深处的秘地／于君伦 阿春 晓伟摄影.—北京：中央编译出版社，2010.10

ISBN 978-7-5117-0545-7

I.①圣… II.①于… ②阿… ③晓… III.①边坝县-概况-摄影集 IV.①K927.54-64

中国版本图书馆CIP数据核字（2010）第184044号

圣土边坝——走进西藏东部深处的秘地 于君伦 阿 春 晓 伟◎摄影

出 版 人：和 龑
责任编辑：王 可
责任印制：尹 珺
出版发行：中央编译出版社
地 址：北京西单西斜街36号（邮编：100032）
电 话：（010）66509360（总编室）（010）66509112（编辑部）
（010）66509364（发行部）（010）66509618（读者服务部）
（010）66161011（团购部）（010）66130345（网络销售）
网 址：www.cctpbook.com
印 刷：北京国邦印刷有限责任公司
成品尺寸：250毫米×260毫米 1/12
印 张：16
版 次：2010年10月1日北京第1版
印 次：2010年10月1日第1次印刷
定 价：490.00元

本社常年法律顾问：北京大成律师事务所首席顾问律师 鲁哈达

目录

感悟边坝
Ganwu Bianba

雪域西藏对很多人来说是一个美丽的神话，能够亲身去一趟西藏可以说也是很多人终身的梦想，然而，真正到过西藏的人却会说现实的西藏比梦境还美丽、比神话还神奇。西藏是一个多姿多彩的大美世界，她的每一个角落都有独一无二的自然风光和人文景观。位于西藏自治区昌都地区的边坝县就是这样一个虽然偏远但美丽得无与伦比的“角落”，她是一片尚未开垦的“处女地”，是一个传说中的人间天堂。

边坝的美体现在山水美。边坝地处念青唐古拉山南麓，藏东南怒江、雅鲁藏布江、麦曲三江流域峡谷地带，造就了边坝境内沟壑纵横，山峦叠嶂。东北部的山多是山峰陡峭，山势笔直，蔚为壮观；南部的山则多是植被茂盛，山形蜿蜒，秀色可餐。边坝的水更是既有秀美和灵气，又有大气和磅礴。滔滔怒江穿境而过，奔腾咆哮，一泻千里；秀丽的三色湖色彩缤纷，堪称绝色天香。

边坝的美还体现在人美。边坝人民不仅继承了康巴人英俊、美丽的外貌，千百年来勤劳善良的边坝人民还传承了康巴人固有的豪爽和淳朴性格。身处大山的边坝，受交通条件的制约，客观上也成就了边坝人的原生态之美，这种美是天人合一的自然之美。

边坝的美还体现在文化之美。边坝可追溯的历史长达1300多年，在这一千多年的历史长河中，边坝的文化既得到了传承，又得到了不断地发扬。在边坝既诞生了著名的《格萨儿王传》说唱艺人扎巴・阿旺洛桑，又发现了藏区最年轻的《格萨儿王传》说唱传承人斯它多吉；边坝锅庄舞优雅明快，在藏区独树一帜；无尽的神话传说也为边坝增添了几分神秘色彩……总之，边坝文化为边坝的发展注入了新的生命力。

作为一个热爱西藏风光和文化的“藏迷”，能与西藏边坝亲密接触可以说是天大的荣幸，能够把西藏边坝介绍给世界，为她的发展做一点贡献，又是荣幸中的荣幸，今生不枉爱她那么执着，就如同这首著名的情诗——

那一日

闭目在经殿的香雾里

蓦然听见你颂经的真言

那一月

我转动所有的经桶

不为超度，只为触摸你的指尖

那一年

我磕长头匍匐在山路

不为觐见，只为贴着你的温暖

那一世

我一次又一次的转山转水转佛塔呀

不为修来世，只为途中能与你相遇

那一瞬

我飞升成仙

不为长生,只为佑你平安喜乐!

跟西藏其他地方一样，边坝是美丽、神奇、质朴的。爱边坝，因她美丽的外表、神奇的内涵和质朴的个性。

让我深深地祝福她——边坝明天更美好!

2010年8月于西藏边坝

དཔལ་འབར་གྱི་ཚོར་སྣང་།

སྐྱེ་བོ་བགྲང་ལས་འདས་པའི་ཡིད་ངོར་གངས་ཅན་བོད་ལྗོངས་ནི་ལྷ་ན་སྡུག་པའི་ལྷ་སྣང་ལྟ་བུ་ཞིག་འཆར་བ་དང་། བོད་དུ་སྐྱོད་རྒྱུ་ནི་སྐྱེ་བོ་མང་པོའི་མི་ཚེ་གཅིག་གི་ཕྱུགས་རེ་ཡིན་མོད། བོད་དུ་དངོས་སུ་སྐྱོད་ཕྱོད་པའི་སྐྱེ་བོས་བོད་ལྗོངས་ནི་ཡ་མཚན་ཆེ་བའི་མི་ལམ་དང་ལྷ་སྣང་ལས་ཀྱང་ངོ་མཚར་ཆེ་བ་ཞིག་ཏུ་སྣང་། བོད་ལྗོངས་ནི་རྣམ་པར་བཀྲ་ལ་ལྷ་ན་སྡུག་པའི་འཛིག་རྟེན་ཞིག་སྟེ། ས་ཕྱོགས་གང་སར་ཕྱིན་མོད་མ་ཡིན་པའི་རང་བྱུང་མཛེས་ལྗོངས་དང་རིག་རྒྱུན་གནས་བཟང་དུ་མ་མཆིས། དེ་ཡང་བོད་རང་སྐྱོང་ལྗོངས་ཆབ་མདོ་ས་གནས་ཁོངས་ཀྱི་དཔལ་འབར་རྫོང་ནི་ས་གཞི་ལུང་ཀྱོག་ཏུ་གནས་ཀྱང་དེའི་མཛེས་པར་སུས་ཀྱང་ངོ་ཟླ་བྲལ་བ་ཞིག་དང་། གསར་སྤེལ་བྱ་རྒྱུ་ཡིན་པའི་ས་གཙང་ཞིག ངག་རྒྱུན་དུ་བརྗོད་པའི་མི་ཡུལ་གྱི་བདེ་བ་ཅན་གྱི་ཞིང་ཁམས་ལྟ་བུ་ཡིན་པ་བཅས་གདོན་མི་ཟ།

དཔལ་འབར་གྱི་མཛེས་པ་རི་བོ་དང་ཆུ་ཀླུང་ལས་ཡོངས་སུ་མངོན་ཞིང་། དེ་ནི་ངོ་མཚར་འདུམ་གྱིས་ཕྲུག་པའི་མི་ཡུལ་གྱི་མཛེས་ལྗོངས་ལྷ་ན་སྡུག་པ་ཞིག་རེད། དཔལ་འབར་ནི་རི་བོ་གཉན་ཆེན་ཐང་ལྷའི་ལྷོ་ངོས་དང་། བོད་ཤར་སྟོའི་མཚམས་ཏེ་རྒྱ་མོ་རྔུལ་ཆུ་དང་། ཡར་ཀླུང་གཙང་པོ། དགེ་ཆུ་བཅས་བཞུར་རྒྱུད་དུ་ཆགས་ཤིང་། ནང་ཁོངས་སུ་རོང་ཆེན་སྨུ་འབྱུད་དང་རི་རབ་བགྲང་ལས་འདས་པ་མཁའ་དབྱིངས་སུ་འཕྱིང་ངེར་གནས། དེ་ཡང་བྱང་ཤར་ངོས་ཀྱི་རི་བོ་མང་ཆེ་བ་གཟར་ལ་རྩེ་མོ་གནམ་གྱི་ཀ་བ་དང་མཚུངས་ཤིང་འཕྱིང་ཉམས་དེ་བས་དོད་པ་དང་། ལྷོ་ངོས་ཀྱི་རི་བོ་མང་ཆེ་བ་ནི་ཚང་ཚིང་རྩེ་ཞིང་གིས་ཡོངས་སུ་བསྐྱུབས་ཞིང་གཡུ་འབྲུག་འཁྱུགས་པ་ལྟར་དུ་སྣང་གཤོངས་འབུར་དུ་མངོན་པས་ལྟ་བས་མི་ངོམས་པ་ཞིག་མཆིས། དེ་བཞིན་དཔལ་འབར་གྱི་གཙང་ཆུ་ནི་དེ་བས་ཀྱང་ཡན་ལག་བརྒྱད་ལྡན་གྱི་ཡོན་ཏན་རྫོགས་ཤིང་ངོ་མཚར་ཆེ་བ་དང་། ཆབས་གཉེར་དཀྱུང་དུ་འཕྱུར་ལ་བརྗིད་ཉམས་དཔལ་གྱིས་བརྒྱན་ཅིང་། ཡང་སྐབས་སུ་རྫོང་གཞུང་ནས་ལང་ཞོང་དུ་རྒྱུགས་པའི་རྒྱ་མོ་རྔུལ་ཆུའི་རླབས་ཕྲེང་ནི་གདོང་ལྡེ་པ་གནམ་མཚོང་ལྟ་བུའི་གྱེན་དུ་འཕྱུར་ཞིང་། མདོག་གསུམ་མཚོའུ་ཡི་ངོ་མཚར་མཛེས་པས་སུམ་རྟེན་ཡུལ་ལ་འགྲན་ཞིང་ཡིད་ཀྱི་བརྟན་པ་རབ་ཏུ་འཕྲོག

དཔལ་འབར་གྱི་མཛེས་པ་སྐྱེ་རྒྱུའི་ཚོགས་ལས་འབྱུར་དུ་མངོན་ཞིང་། དཔལ་འབར་མི་དམངས་ཀྱིས་ཁམས་ཕྱོགས་སྐྱེས་བུའི་དཔའ་མཛངས་རྟུལ་ཕོད་དང་ཡིད་དབང་འཕྲོག་པའི་ཉམས་བཟང་སྐྱོང་སྤེལ་བྱས་ཡོད། མི་ལོ་སྟོང་གི་རིང་ལས་ལ་བརྟེན་ཞིང་བློ་དཀར་སེམས་བཟང་གི་དཔལ་འབར་མི་དམངས་ཀྱིས་ད་དུང་ཁམས་པའི་བག་ཕེབས་ཁོང་ཡངས་དང་གཞུང་དྲང་བབ་ཆགས་ཀྱི་གཤིས་བཟང་རྒྱུན་འཛིན་བྱས་ཡོད། རི་རབ་ཁྲོད་དུ་ཆགས་པའི་དཔལ་འབར་རྫོང་ལ་མ་གཞི་འཕྲིན་འགྲུལ་ཆ་རྐྱེན་དེ་

ཙམ་ལེགས་པོ་མེད་ཀྱང་གདོང་མའི་ལྷུན་དུ་གྲུབ་པའི་གནས་ལྟོངས་དང་རྣད་དུ་བྱུང་བའི་གནའ་ཉམས་མ་ལུས་འདྲེན་བྱེད་ཀྱི་དཀའ་སྟོན་དུ་སྟེར་བ་དེ་ནི་སྔོད་བཙུད་བྱུང་དུ་སྤྲེལ་བའི་རང་བྱུང་གི་ངོ་མཚར་མཛེས་པ་ཞག་ཅིག་རེད།

དཔལ་འབར་གྱི་མཛེས་པ་རིག་གནས་ལས་རྣམ་པར་མངོན་ཞིང་། མི་ལོ་1300ལྷག་ཙམ་ལྡན་པའི་ལོ་རྒྱུས་ཀྱི་ཆུ་རྒྱུན་རིང་པོའི་ནང་དཔལ་འབར་གྱི་རིག་གནས་འཛིན་སྐྱོང་སྤེལ་གསུམ་རྒྱུན་ཆད་མེད་པ་བྱུང་ཞིང་། དེ་ཡང་དཔལ་འབར་དུ་《གླིང་རྗེ་གེ་སར་སྒྲུང་》ཤོད་མཁན་སྒྲུང་པ་གྲགས་ཅན་དག་དབང་བློ་བཟང་དང་། དེའི་ཤུལ་འཛིན་པ་ནུ་ཆུང་སྲི་ཐར་རྡོ་རྗེ་ཡང་ཐོན། དེ་བཞིན་དཔལ་འབར་གྱི་སྐོར་བྲོའི་དབྱངས་ར་སྐད་འཇེབས་ལྡན་ལ་སྙིངས་སྟབས་འཁྲུགས་ཤིང་བོད་རིགས་ཁུལ་དུ་ཐུན་མིན་གྱི་རང་ལུགས་ཁྱད་ཆོས་མངོན་པར་འཕགས། དེ་བཞིན་བརྗོད་ཀྱིས་མི་ལངས་བའི་ལྷ་སྒྲུང་གཏམ་རྒྱུད་ཀྱིས་ཀྱང་དཔལ་འབར་ལ་ཡིད་དབང་འཕྲོག་པའི་ངོ་མཚར་གྱི་མཚན་ལྟས་དུ་མ་ལྡན་པ་བཅས་ཕུན་སུམ་ཚོགས་པའི་རིག་གནས་ཉེན་བྱེད་ཀྱིས་དཔལ་འབར་གོང་དུ་འཕེལ་བའི་ལྟང་གཞོན་ལོ་འདབ་རྒྱས་རྒྱུར་གསོན་ཤུགས་གསར་པ་སྤྲིན།

བོད་ཀྱི་མཛེས་ལྟོངས་དང་རིག་གནས་ལ་བརྩེ་ཞེན་ཆེ་བའི་སྐྱེ་བོ་ཞིག་ལ་མཚོན་ན་དཔལ་འབར་དང་མཉམ་འཚར་མཉམ་གནས་བྱུང་ན་དེ་ནི་གཟི་བསོད་ལྡབས་པོ་ཆེ་ཞིག་ཡིན་པ་སྨོས་མི་དགོས་ལ། འཛམ་གླིང་ཁྱོན་ལ་དཔལ་འབར་ངོ་སྤྲོད་བྱས་ནས་དེ་དར་རྒྱས་གོང་འཕེལ་ཡོང་བར་ལེགས་སྐྱེས་ཆུ་ཐིགས་ཙམ་འབུལ་ཐུབ་ན་དེ་བས་ཀྱང་གཟི་བསོད་ཆེན་པོ་ཞིག་ཡིན་གཤིས། དཔལ་འབར་ལ་དང་བས་བརྩེ་ཞེན་སྐྱེ་བ་ནི་ཚེ་འདིར་འགྱོད་པའི་དགོས་པ་ཅི་ལ་ཡོད། དེ་ནི་བརྩེ་དུང་གིས་བཅིངས་པའི་གྲགས་ཅན་སྙན་རྩོམ་ཞིག་ཏུ་གསལ་བ་ཇི་བཞིན་ཏེ།

ཉིན་དེར་ཁོ་བོ་དབེན་གནས་བསངས་སྤྲིན་ཁྲོད་དུ་སློམ་པའི་ཚེ།
ཁྱེད་ཀྱི་ལྷད་མེད་གསུང་སྐད་ཐོས་འཛིན་བུ་གར་ལྷང་ལྷང་གྲགས།
ཟླ་དེར་ཁོ་བོས་སྒོ་གསུམ་དད་པས་མ་ནི་བརྒྱ་ཚར་བསྐོར་བ་ནི།
ཁྱེད་ཀྱི་ཕྱག་ཟུང་རེག་འདོད་ལས་ནི་སྒྲིབ་སྦྱོངས་ཆེད་དུ་མིན།
ལོ་དེར་ཁོ་བོས་རི་ལམ་འཁྱིམས་ནས་ཕྱག་འཚལ་སྐོར་སྦྱངས་བྱེད་པ་དེ།
ཁྱེད་ཀྱི་དྲོ་སྐྱིད་འཚོར་འདོད་ལས་ནི་གནས་མཇལ་ཆེད་དུ་མིན།
ཚེ་འདིར་ཁོ་བོས་གནས་རི་ལྷ་མཚོ་མཆོད་རྟེན་ལན་མང་བསྐོར་བ་ནི།
ཁྱེད་དང་མཇལ་བའི་འདུན་པ་ལས་ནི་ཁོ་བོའི་ཡར་འདྲེན་ཆེད་དུ་མིན།
མཚམས་འདིར་ཁོ་བོས་བདེ་ལྡན་ཞིང་དུ་འཕོས་པའི་སྨོན་ལམ་བཏབ་པ་དེ།
ཁྱེད་ཉིད་བདེ་སྐྱིད་ལོངས་སྤྱོད་འཇོམས་འདོད་ལས་ནི་ཁོ་བོ་ཚེ་རིང་ཡོང་ཆེད་མིན།

བོད་ཀྱི་ས་ཡུལ་གཞན་དང་འདྲ་བར་དཔལ་འབར་ལ་མཛེས་སྡུག་ལྡན་པའི་ཕྱིའི་བཀོད་པ་དང་། ངོ་མཚར་ཆེ་བའི་སྙིང་བཅུད། བབ་ཆགས་པའི་རང་གཤིས་དེ་ལྟ་བུ་འཛོམས་པ་ལས་དཔལ་འབར་ལ་དབང་མེད་དུ་བརྩེ་ཞེན་སྐྱེས་པ་གོར་མ་ཆག

ཁོ་བོས་ཡིད་སྨོན་ནས་དཔལ་འབར་གྱི་འབྱུང་འགྱུར་དེ་བས་མཛེས་སྡུག་ལྡན་པ་ཞིག་ཡོང་བའི་སྨོན་བཟང་འདེབས་རྒྱུ་ལགས།

༢༠༡༠ལོའི་ཟླ་༤པར་དཔལ་འབར་དུ་བྲིས།

金色山岗 >>>

雪域光芒

Xueyu Guangmang

——走进神秘的边坝

没有成群结队的马帮身影，没有悠扬悦耳的马蹄声脆，没有微风吹拂的茶草飘香，只有茶马古道旁不朽的碑文和先人通向远方的足迹深深地镌刻着古往今来的历史，踏着依然弯弯曲曲的茶马古道，带着对远古时代的丝丝记忆和深深的敬意，您就走进了一个闺处大山深处的神秘地方——边坝县。

千百年来，她就像一颗镶嵌在深山中的璀璨明珠，茶马古道从边坝多彩的土地上穿境而过，迎来送往谱写英雄般的史诗；滔滔怒江在深不见底的山谷间奔流不息，延续着生命的奇迹；仰望巍峨壮丽的念青唐古拉山横亘的脊梁，雪域光芒照耀着边坝这片神奇的土地。走近边坝，您就走进了一部辉煌灿烂的康巴文化历史；走近边坝，您就走进了一个绚丽多姿的五彩世界；走近边坝，您就走进了一方气势磅礴的壮丽山河。

གངས་ལྗོངས་འོད་སྣང༌།

——སུམ་རྩེན་ཡུལ་དང་གཉིས་སུ་མ་མཆིས་པའི་དཔལ་འབར་དུ་བསྐྱོད་པ།

ཧ་དྲེལ་ཁྲུ་དང་ཁྲུ་ཡི་གྲིབ་བཟོ་འདྲེན་བྱེད་ལམ་དུ་མཐོང་རྒྱུ་མེད་ཅིང༌། སྔོན་ཞིང་འཇེབས་པའི་སུག་བཞིའི་སྐད་སྒྲ་སྒྲ་འཛིན་བུ་གར་ཐོས་རྒྱུ་མེད་ལ། བསིལ་ཟེར་རླུང་བུས་འཁྱེར་བའི་ཛ་ལོའི་དྲི་ཞིམ་སྣ་བར་སྤྱོད་མི་ཐུབ། ཛ་འདྲེན་གནའ་ལམ་གྱི་འགྲམ་དུ་ཛི་སྲིད་བར་གནས་པའི་རྗོ་རིང་ཡི་གེ་དང་སྔོན་འགྲོན་མེས་པོའི་ཞབས་རྗེས་ཀྱིས་གནའ་དེང་ལོ་རྒྱུས་ཕྲ་ལྷམ་མེར་གསལ་ཞིང༌། ཀུག་ཀྱོག་གི་ཀཏང་ལམ་ཕྲ་མོའི་སྟེང་ཐུར་མུས་བཞིན་བསྐྱོད་དེ།གནའ་རབས་ཀྱི་འདས་དོན་རྣམས་དྲན་འཆར་ཡོད་ཀྱི་མེ་ལོང་ངོས་སུ་འཆར་བ་དེ་ནི་ལོ་རྒྱུས་ཐོག་དངོས་སུ་བྱུང་བའི་སྒྲུང་གཏམ་ཞིག་ལགས།

གནམ་འདེགས་ཀ་བ་ལྷ་བུའི་རི་བོ་གཅིག་ལ་གཅིག་འགྲེལ་དུ་གནས་པའི་སུམ་རྩེན་ཡུལ་དང་གཉིས་སུ་མ་མཆིས་པའི་ཞིང་ཁམས་ཏེ། སྐུ་ཉིད་དཔལ་འབར་དུ་ཕེབས་པར་དགའ་བསུ་ཞུ། མི་ལོ་སྟོང་ཕྲག་རིང༌། ཡུལ་འདི་ནི་གཟི་འོད་རྣམ་པར་བཀྲ་བའི་མུ་ཏིག་ལི་ཛཱ་ཤལ་ཞིག་མཚུངས་ལ། ཛ་རྟའི་གནའ་ལམ་དེ་ཉིད་མཛེས་སྡུག་ལྡན་པའི་དཔལ་འབར་གྱི་ཡུལ་ཁམས་འགྲིམ་ཏེ་བསྐྱོད་དགོས་པས། ཞོགས་པའི་ཉི་གཞོན་ཚུར་ལ་བསུས་ཤིང༌། དགོང་དྲོའི་མཚམས་སྲིན་ཕར་ལ་བསྐྱལ་བ་དང་ཆབས་ཅིག་དཔའ་ཉམས་ལྡན་པའི་གཏམ་རྒྱུས་བརྩམས་པ་དང༌། ཐ་རླབས་ཡང་ཡོང་དུ་འཕྱུར་བའི་རྒྱལ་མོ་རྔུལ་ཆུ་ནི་གཏིང་མཐའ་དཔོགས་པར་དཀའ་བའི་གཡང་གཟར་གྲོག་རོང་ནང་ཉིན་མཚན་ཁོར་མོ་ཡུག་ཏུ་རྒྱུགས་བཞིན་མི་ཚེའི་ཤུལ་ལམ་གཏོད། བརྗིད་ཉམས་ལྡན་པའི་གཉན་ཆེན་གདང་ལྷའི་ཁ་བ་དཀར་པོའི་འོད་མདངས་དེ་ངོ་མཚར་ལྷ་ན་སྡུག་པའི་དཔལ་འབར་གྱི་རི་ལུང་ཀུན་ཏུ་འཕྲོ་མུས་ལགས། དཔལ་འབར་དུ་ཕེབས་ཆེ། སྐུ་ཉིད་ཀྱིས་འོད་སྟོང་རབ་ཏུ་འཕྲོ་བའི་ཁམས་ཁུལ་གྱི་ལོ་རྒྱུས་རིག་གནས་རྟོགས་ཐུབ་ལ། དེ་བཞིན་སྐུ་ཉིད་ཀྱི་འདྲེན་བྱེད་ལམ་དུ་བདེ་བ་ཅན་གྱི་ཞིང་ཁམས་སུ་ཕེབས་པའི་སྣང་བ་ཞིག་འཆར་ཐུབ་པ་མ་ཟད། མཛེས་སྡུག་ལྡན་པའི་རི་ལུང་གཟིགས་ཐུབ།

左图：茶马古道　右图：马队身影

>>>

边坝县城全景 >>>

左上：巍峨群山　左下：达宗沧桑　上图：日照冰川

>>>

地理位置

Dili Weizhi

边坝县地处西藏东北部，昌都地区西部、念青唐古拉山南麓，距地区所在地昌都400余公里，距西藏自治区首府拉萨市800余公里。世人眼里的边坝“山高，绝壁千仞，遮天蔽日；谷深，一望无底，幽暗惊心；水急，湍湍如电，隆鸣震耳。”边坝人心中的边坝是一个绝世无双的大美世界，就如同一个还没有掀开盖头的羞涩姑娘，任何远方的来客都无不为她的气势、她的纯朴和她的美丽所折服。“何处青山不道场，何须策杖礼清凉”，只有走进她，才会感受她带给你的震撼和无穷无尽的魅力。这就是边坝，含蓄而多情的边坝。

ས་ཁམས་གནས་ཡུལ།

དཔལ་འབར་རྫོང་ནི་བོད་ཀྱི་ཤར་ལྷོའི་མཚམས་སུ་གནས་པ་དང་། ཆབ་མདོ་ས་ཁུལ་གྱི་ནུབ་ངོས་དང་གཉན་ཆེན་གདང་ལྷའི་ལྷོ་ངོས་སུ་གནས་ཤིང་། ཆབམདོ་ས་ཁུལ་གནས་ཡུལ་དང་བར་ཐག་སྤྱི་ལེ་༤༠༠ཙམ་དང་། བོད་ཀྱི་ལྟེ་གནས་གྲོང་ཁྱེར་ལྷ་ས་དང་བར་ཐག་སྤྱི་ལེ་༨༠༠ཙམ་ཡོད། སྐྱེ་བོ་གཞན་གྱི་མིག་ལམ་དུ་དཔལ་འབར་ནི་རི་བོ་མཐོ་ཞིང་གཡང་གཟར་གྲོག་རོང་མང་བས་ཉེན་འཕྲེད་དབང་པོ་འགྲིབ་པ་ལྟ་བུ་དང་། ལང་སོང་དུ་རྒྱུགས་པའི་ཆུ་བོའི་སྐད་སྒྲས་སྒྲ་འཛིན་དབང་པོ་བརྙོལ་བ་ལྟ་བུའི་སྣང་བ་སྐྱེར་མུས། འོན་ཏེ་མི་རབས་ནས་མི་རབས་བར་ཡུལ་འདིར་འཚོ་སྡོད་བྱེད་མཁན་མི་རྣམས་པས་རང་གི་ཕ་ཡུལ་དེ་ཉིད་སྲིད་ན་འཁྲུན་ཟླ་འབྲལ་བའི་ལྷ་ཡུལ་ལྟ་བུར་བརྩི་བཞིན། དེའི་མཛེས་སྡུག་ནི་ལང་ཚོ་དར་ལ་བབས་པའི་གཞོན་ནུ་མ་ཞིག་དང་གཉིས་སུ་མ་མཆིས་པས། ཐག་རིང་ནས་ཕེབས་པའི་སྐུ་མགྲོན་རྣམས་ཀྱིས་སྨྱུགས་བརྗོད་ཀྱི་མེ་ཏོག་གཏོར་དང་གཏོར་མུས་ལགས།

那曲
比如县
三色湖
边坝县
纳木错
当雄县
嘉黎县
布达拉宫
林周县
墨竹工卡县
工布江达县
尼洋河
堆龙
德庆县
拉萨市
林芝
G109
G317
G318

边坝地理位置图 >>>

德格县
G317
江达县
G317
丁青县
强巴林寺
G317
类乌齐县
白玉县
昌都
G214
贡觉县
洛隆县
三色湖锅庄舞
察雅县
然乌湖
G214
八宿县
G318
G318
波密县
G214
左贡县
芒康县
G318
G318
G214

圣土边坝
走进西藏东部深处的秘地

边坝县卫星图 >>>
边坝镇
都瓦乡
马秀乡
热玉乡
拉孜乡
边坝县人民政府
S303

麦曲之源 >>>

天路山色 >>>

达宗桑烟 >>>

吉祥火焰

Jixiang Huoyan

“风霜掩不去历史，岁月关不住风情”，走近边坝，也就走进了一部灿烂而久远的历史。千百年来，边坝人民在这块多姿多彩的土地上世世代代生息繁衍，传承着边坝古老的文化和边坝人民自豪的历史。边坝县辖2镇9乡（草卡镇、边坝镇、拉孜乡、马武乡、沙丁乡、尼木乡、马秀乡、都瓦乡、热玉乡、金岭乡、加贡乡），82个行政村，县城驻地草卡镇东马同，2010年全县总人口37736人。边坝在藏语中是“吉祥火焰”之意，她古老而悠久的历史远可追溯到一千三百多年前的唐朝，唐时属吐蕃；近可追溯到七百多年前的元代，元时属吐蕃等路宣慰使司都元帅府。相传，元朝第一任国师八思巴从大都北京返回逻娑（拉萨），途经夏河湾时，把一个火把插在村旁泥土里，并命人在此修建佛堂，佛堂建成后，取火炬之意，得名边坝寺，边坝县也因此而得名。这就是边坝，一个充满古老历史气息的边坝。

བཀྲ་ཤིས་དཔལ་འབར།

སད་དང་སེར་བས་ལང་འཚོའི་མེ་ཏོག་བཅོམ་མི་ཐུབ་ལ། ལོ་ཟླའི་བགྲོད་ཀྱིས་ལོ་རྒྱུས་འགེབས་མི་ཐུབ། དཔལ་འབར་ལ་ཕེབས་ན་དེའི་འོད་སྣང་རབ་ཏུ་འཕྲོ་བའི་ལོ་རྒྱུས་རྟོགས་ཐུབ། ལོ་རྗེ་སྟོང་ཕྲག་རིང་དཔལ་འབར་གྱི་མི་དམངས་ཆོས་མཛེས་སྨུག་རྣམ་པར་བཀྲ་བའི་ས་ཆ་དེའི་ཐོག་མི་རབས་ནས་མི་རབས་བར་འཚོ་སྡོད་ཀྱིས་ཡུལ་དེའི་གནའ་བོའི་རིག་གནས་དང་དཔའ་ངར་ལྡན་པའི་སྙིང་སྟོབས་རྒྱུན་འཛིན་བྱས་ཡོད། དཔལ་འབར་རྫོང་གི་མངའ་ཁོངས་སུ་གྲོང་རྡལ་༢ དང་ཤང་༨ སྲིད་འཛིན་གྲོང་ཚོ་༤༢ཡོད་པ་དང་། རྫོང་མི་དམངས་སྲིད་གཞུང་གནས་ཡུལ་ནི་མཚོ་ཁ་གྲོང་རྡལ་དུ་ཡིན། སྤྱི་ལོ་༢༠༡༠ལོར་རྫོང་ཡོངས་སུ་ཁྱོན་བསྡོམས་མི་གྲངས་༣༧༧༣༤ཡོད། དཔལ་འབར་ཞེས་པ་བོད་སྐད་ནང "བཀྲ་ཤིས་དཔལ་འབར" ཞེས་པའི་གོ་དོན་ཡིན་ཞིང་། དེ་ཡང་གནའ་བོའི་ལོ་རྒྱུས་ཁུངས་འདྲེད་པ་ཡིན་ན། ལོ་རྗེ་ཆིག་སྟོང་སུམ་བརྒྱ་ལྷག་ཙམ་གོང་ཐང་རྒྱལ་རབས་སྐབས་སུ་མཐོ་བོད་ཀྱི་ཁོངས་སུ་གཏོགས་པ་གང་ཞིག ལོ་རྗེ་བདུན་བརྒྱ་ལྷག་ཙམ་གྱི་ཡོན་རྒྱལ་རབས་སུ་ལུའུ་ཧོན་དབུའི་ཧྲེ་སིའི་ཁུའུ་ཁོངས་སུ་གཏོགས་ཡོད། ཡོན་རྒྱལ་རབས་ཀྱི་གོང་མའི་དབུ་བླ་འགྲོ་མགོན་ཆོས་རྒྱལ་འཕགས་པ་ཙེ་ནའི་ཡུལ་ནས་དབུས་ཕྱོགས་སུ་ཕེབས་ལམ་དུ་གནས་དེར་ཕེབས་ཤིང་། ཕྱག་གི་དཔལ་འབར་དེ་ད་ལྟའི་དགོན་པ་གནས་ཡུལ་གྱི་འདམ་ནང་བཙུག་གནང་བ་དང་སྦྲགས་གནས་དེར་ལྷ་ཁང་ཞིག་རྒྱག་དགོས་ཞེས་བཀའ་བསྩལ། ལྷ་ཁང་བརྒྱབ་ཚར་རྗེས་དཔལ་འབར་འཁྱིར་བའི་གོ་དོན་ཡིན་པས་ན། དཔལ་འབར་དགོན་ཞེས་མིང་ཆགས་པ་ཟད། དཔལ་འབར་རྫོང་ཞེས་པའི་མིང་ཡང་དེ་ལྟར་ཆགས་སྐད།

草卡奇石

>>>

拉孜傍晚

>>>

上图：边坝寺　右图：边坝白塔

>>>

沙丁全景 >>>

物华天宝

Wuhua Tianbao

边坝地广物博，走近边坝，您还会惊叹她博大的胸怀、多样的地貌和秀美的山川。边坝全县面积达8894平方公里，境内山峦叠嶂、沟壑纵横、河流密布，其南部有冰蚀高山，中部有高山宽谷，北部为怒江及其支流的高山峡谷。县内5000米以上的山峰有20余座，其中夏贡拉山海拔5621米，旧时为川、青、滇进藏必经之地，号称“赴藏第一险”。乾隆五十八年（1793年），乾隆帝封边坝丹达山（夏贡拉山）为“昭灵助顺山神”，并赐御书匾“教阐遐柔”。念青唐古拉山脉横贯其境，使得其北部属怒江水系，南部属雅鲁藏布江水系。

ནོར་བུའི་བང་མཛོད།

དཔལ་འབར་ནི་ས་ཆ་རྒྱ་ཆེ་ཞིང་ཐོན་ཁུངས་ཕུན་སུམ་ཚོགས་ལ། ཡུལ་དེའི་ངོ་མཚར་རྨད་དུ་བྱུང་བའི་རང་བྱུང་བཀོད་པས་སྐྱ་ཉིད་ཀྱི་ཡིད་བརྟན་དབང་མེད་དུ་འཕྲོག་སྲིད། དཔལ་འབར་རྫོང་ཡོངས་ཀྱི་སྤྱིའི་རྒྱ་ཁྱོན་ལ་སྤྱི་ལེ་ངོས་སྙོམས་གྲུ་བཞི་མ་༨༨༡༩ཡོད་པ་དང་། ས་འཛིན་རྣམས་གཅིག་ལ་གཅིག་འབྲེལ་དུ་གནས་ཞིང་། ཡན་ལག་བརྒྱུད་ལྡན་གྱི་ཆུ་བོ་ཟམ་མི་ཆད་པར་རྒྱུགས་ཤུས་ལགས། རྫོང་དེའི་མངའ་ཁོངས་སུ་རྨིད་ལྷ་སྟོང་ཡན་གྱི་རི་བོ་༢༠ལྷག་ཙམ་ཡོད་ཅིང་། དེའི་ནང་ནས་ཤར་གོང་ལར་རྒྱ་མཚོའི་ངོས་ལས་རྨིད་ངོས་སྙོམས་གྲུ་བཞི་མ་༥༤༢༧ཡོད་པས་ན། སྔར་སི་ཁྲིན་དང་མཚོ་སྔོན་དེ་བཞིན་ཡུལ་ནན་སོགས་ནས་བོད་ལ་ཡོང་བའི་ལམ་འཕེལ་བས “ཉེན་ཁ་ཆེ་བའི་བྲག་རི་གཡང་གཟར་གྲོག་རོང་དང་པོ་” ཞེས་སུ་གྲགས།

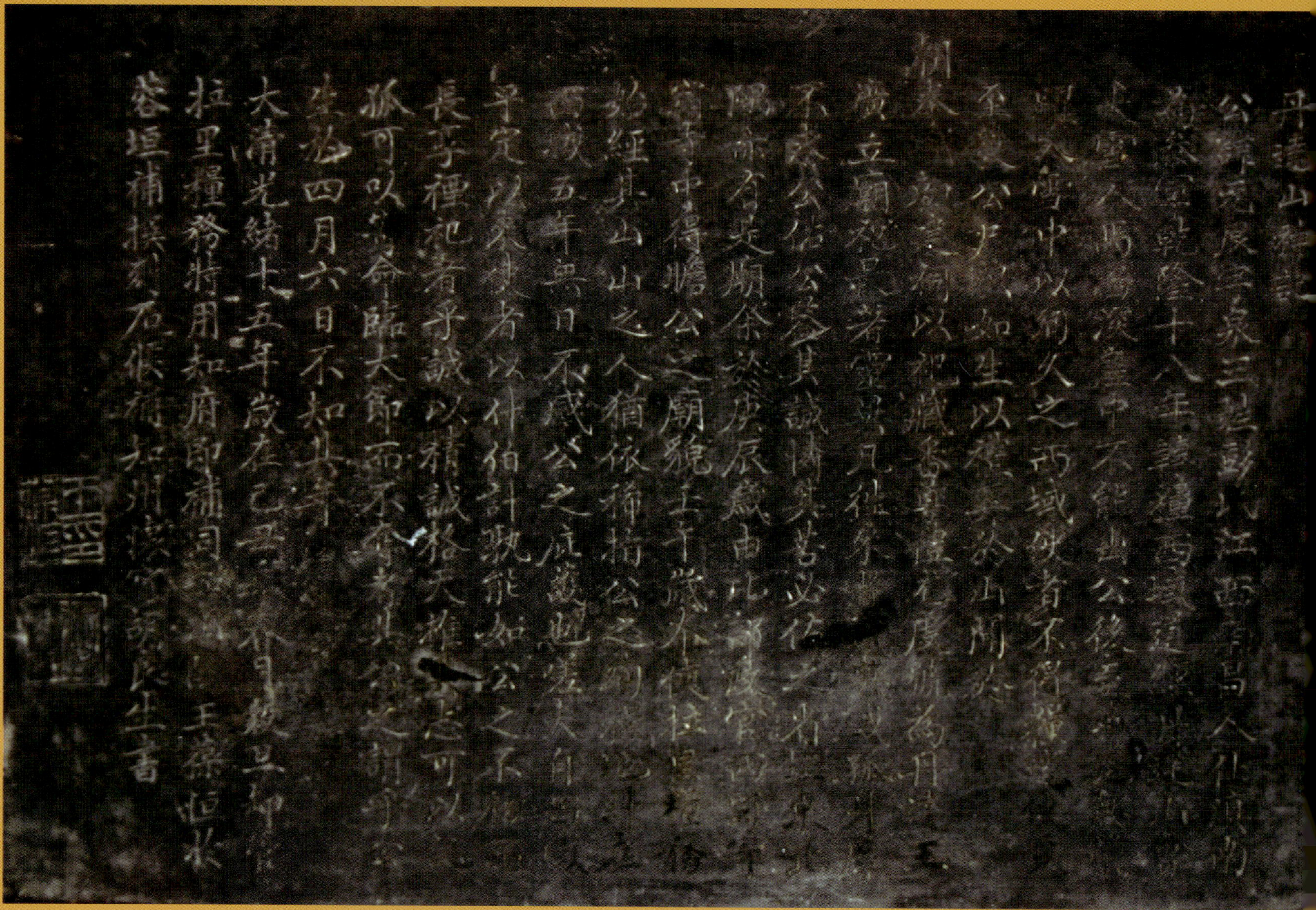

补撰刻石——清朝王葆恒书碑《丹达山神记》，现存于边坝县档案室，为茶马古道线路经过边坝的最原始佐证。>>>

丹达山神记

碑文：公讳元辰，字泉三，姓彭氏，江西南昌人，仕滇南，为参军。乾隆十八年，转粮西域，道经丹达山，会大雪，人马陷深崖中，不能出。公后至，筹施无策，跃入雪中以殉，久之，西域使者不得粮，遣使觅至，获公尸，貌如生，以礼葬于山。闻于朝奉勅建祠以祀，藏番尊礼尤虔，号为“丹达王”，广立庙祀，最著灵异。凡往来者，感异域孤身，靡不求公佑。公鉴其诚，怜其苦，必佑之。省垣东北隅亦有是庙。余以庚辰岁由比部改官西蜀，寄宿寺中，得瞻公之庙貌。壬午岁奉使拉里粮务，始经其山，山之人犹依稀指公之殉粮地。计在西藏五年，无日不感公之庇护也。嗟夫，自西域平定以来，使者以什佰计，孰能如公之不朽而长享禋祀者乎。诚以精诚格天推其志，可以托孤，可以寄命，临大节而不夺者，其公之谓乎。公生于四月六日，不知其年。大清光绪十五年岁在己丑季春月谷旦，卸管拉里粮务，特用知府即补同知山阴王葆恒于蓉垣补撰刻石，候补知州怀宁胡良生书。

碑文末又有二钤刻，曰“王葆恒印”、“仙人”。

碑文大意：彭元辰，字泉三，江西南昌人，清乾隆十八年（1753年）任云南参军，奉命率部运粮食到西藏，途径丹达山的时候遇到大雪封山，粮队被困悬崖中，无法走出。他到达后，也想不出办法，于是跳入雪海以身殉职。

过了很久“驻藏大臣”没有按时收到粮食，于是派遣官吏沿路寻找，在丹达山找到他尸体的时候。他的容貌跟活着时一样，于是按照当地风俗把他葬在了丹达山。

“驻藏大臣”把彭元辰的事情报告给了清朝政府，为了表彰彭元辰的功绩，皇帝下令修建祠堂来祭祀他，西藏藩王对他也十分尊崇，称他为“丹达王”，并且建立很多寺庙祭祀他。凡是出门在外到西藏经过丹达山的客人，无不感到孤单都来祭拜他，寻求他的保佑，彭公鉴于他们的诚心，并怜悯他们的痛苦，必然会保佑的。相当的神奇和灵异。

在四川成都东北角，也有这个彭公庙，我在光绪六年(1880年)调往四川任职，途中寄宿在这个寺庙中，所以有幸瞻仰了寺庙的内外结构。光绪八年（1882年）我出任西藏拉里管理粮食事物的官员，在第一次经过这座山的时候，这附近上年纪的老人还能清楚的指出彭公以身殉职的地方。算起来在西域的五年时间里，我无时不刻都在感激彭公对我的庇护。自“西域”平定以来，往来的朝廷使者上百人中，但谁又谁能像彭公一样万世不朽而常年享受礼祀呢！如果用精诚格天来推究他的这种志向，完全可以用来托付遗孤，寄托性命。彭元辰生于四月六日，不知道是哪一年。

大清光绪十五年（1889年3月）特用知府即补同知山阴（今浙江绍兴）王葆恒卸任管理拉里粮食事物的这个官职，于成都为彭公补写撰文并派人刻石碑，候补知州怀宁（今安徽怀宁县）胡良生整理文稿。

下图：苦难慈缘——清朝驻藏大臣松筠书匾，现存于边坝县档案室； >>>

右图：进藏第一险——夏贡拉，边坝精神的象征； >>>

仰望神山 >>>

彩云之巅 >>>

胜利之石

>>>

神山云雾

>>>

云雾山景

>>>

冬日山峦

>>>

多姿圣土

Duozi Shengtu

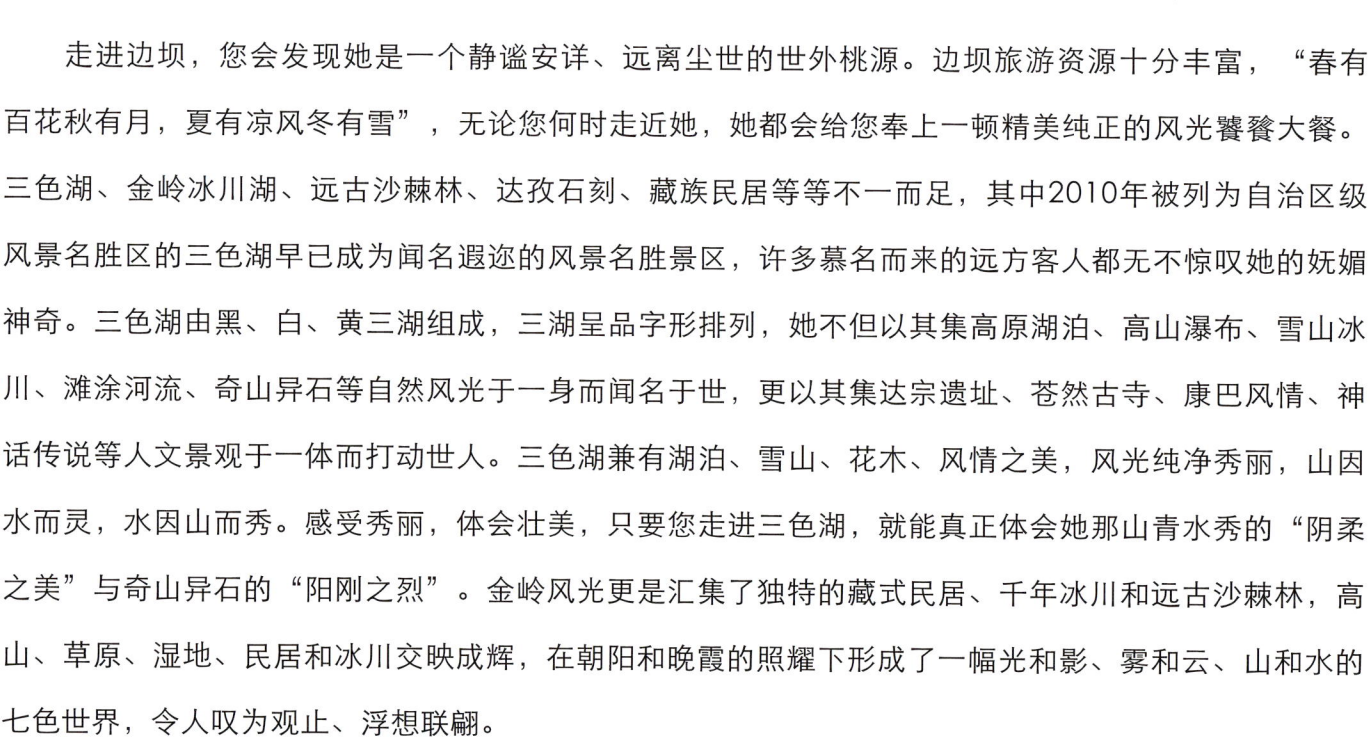

走进边坝，您会发现她是一个静谧安详、远离尘世的世外桃源。边坝旅游资源十分丰富，“春有百花秋有月，夏有凉风冬有雪”，无论您何时走近她，她都会给您奉上一顿精美纯正的风光饕餮大餐。三色湖、金岭冰川湖、远古沙棘林、达孜石刻、藏族民居等等不一而足，其中2010年被列为自治区级风景名胜区的三色湖早已成为闻名遐迩的风景名胜景区，许多慕名而来的远方客人都无不惊叹她的妩媚神奇。三色湖由黑、白、黄三湖组成，三湖呈品字形排列，她不但以其集高原湖泊、高山瀑布、雪山冰川、滩涂河流、奇山异石等自然风光于一身而闻名于世，更以其集达宗遗址、苍然古寺、康巴风情、神话传说等人文景观于一体而打动世人。三色湖兼有湖泊、雪山、花木、风情之美，风光纯净秀丽，山因水而灵，水因山而秀。感受秀丽，体会壮美，只要您走进三色湖，就能真正体会她那山青水秀的“阴柔之美”与奇山异石的“阳刚之烈”。金岭风光更是汇集了独特的藏式民居、千年冰川和远古沙棘林，高山、草原、湿地、民居和冰川交映成辉，在朝阳和晚霞的照耀下形成了一幅光和影、雾和云、山和水的七色世界，令人叹为观止、浮想联翩。

སྣ་མང་གནས་མཆོག

སྐུ་ཉིད་དཔལ་འབར་དུ་ཕེབས་ཚེ་འདྲེན་བྱེད་ལམ་དུ་འཆར་བ་ནི་འདུ་འཛི་དང་ཡོངས་སུ་འབྲལ་བའི་བདེ་བ་ཅན་གྱི་ཞིང་ཁམས་ཤིག་ཡོད། དཔལ་འབར་རི་ལུང་ནས་དུས་བཞིའི་ཁྱད་ཆོས་མངོན་པར་གསལ་བ་ནི། དཔྱིད་ཀྱི་དུས་སུ་སྤོ་ལྗང་ལོ་འདབ་རྒྱས། རི་ལུང་ཀུན་ཏུ་མེ་ཏོག་རྣམ་པར་བཀྲ། ཆར་ལྡན་དུས་སུ་བསིལ་ཟེར་རླུང་བུ་ལྡང་། རི་ལུང་མ་ལུས་ལྗང་མདོག་གཡུ་ལོ་རྒྱན། འབྲས་ལྡན་དུས་སུ་ནམ་མཁའ་སྔོ་ཞིང་དངས། ནོར་འཛིན་དཀའ་མས་གསེར་མདོག་ཆས་གོས་སྲུས། དུས་བཞིའི་མཐའ་མ་ཁ་བའི་འདབ་མས་གཡོགས། དངུལ་གྱི་མདངས་འཛིན་ཁ་བའི་རང་མདངས་ངོམས། ཞེས་པ་ལྟར་དཔལ་འབར་གྱི་རང་བྱུང་ཡུལ་ལྗོངས་ལྟ་ན་སྡུག་ཅིང་། ཡུལ་བསྐོར་འབྱུང་ཁུངས་ནི་ཧ་ཅང་སྲུན་སུམ་ཚོགས་པོ་ཡོད་པ་སྟེ། མཆོད་དཀར་ནག་སེར་གསུམ་དང་། སྤྱི་གླིང་གི་འབྲུགས་རོམ་མཆོད། སྟག་རྩེའི་མ་ནི་རྡོ་བཀོས། ཁམས་ཁུལ་གྱི་ཁྱད་ལྡན་སྡོད་ཁང་སོགས་མཛེས་ལྗོངས་བགྲངས་ལས་འདས། ༢༠༡༠ལོར་རང་སྐྱོང་ལྗོངས་རིམ་པའི་གྲགས་ཅན་གྱི་མཛེས་ལྗོངས་ལ་གཏན་འཁེལ་བའི་མཆོད་གསུམ་ནི་སྔན་པའི་གྲགས་པ་གང་སར་ཁྱབ་ཤིང་ལྟ་ན་སྡུག་པའི་རང་བྱུང་མཛེས་ལྗོངས་ཁུལ་ཤིག་ཡིན་པས་ཡུལ་གཞན་པའི་ཕེབས་པའི་སྐུ་མགྲོན་རྣམས་པའི་ཡིད་དབང་ཅིག་ཅར་དུ་འཕྲོག་སྲིད། མཆོད་གསུམ་ནི་ཆོས་གཞི་ནི་དཀར་ནག་སེར་གསུམ་ལས་གྲུབ་ཅིང་། དམངས་ཁྲོད་ཀྱི་བཤད་སྲོལ་དུ་རིག་གསུམ་མགོན་པོའི་ལྷ་མཆོ་ཡིན་སྐད། མཆོད་གསུམ་ནི་གཅིག་ལ་གཅིག་འབྲེལ་དུ་གནས་ཤིང་། གྲོག་རོང་གི་བབས་ཆུ་དང་གངས་རིའི་འབྲུག་རོམ་དེ་བཞིན་རྒྱུག་ཆུ་བཅས་མཉམ་དུ་འདུས་པ་མ་ཟད། ཡ་མཚན་ཆེ་བའི་བྲག་རྡོ་སོགས་རང་བྱུང་ལྷུན་གྱི་གྲུབ་པའི་མཛེས་ལྗོངས་ལྟ་བས་མི་ངོམས་པ་ཞིག་ཡོད། གནས་དེར་སྟག་རྫོང་གི་གནའ་ཤུལ་དང་། གནའ་བོའི་དགོན་སྡེ་ཅིང་། ཁམས་ཁུལ་གྱི་གནའ་བོའི་བཟོ་སྐྲུན་སྒྱུ་རྩལ་སོགས་ཡོད། མཆོད་ཤིན་ཏུ་དངས་བས་གནས་རིའི་རང་མདངས་ཇི་བཞིན་གསལ་བ་དང་། གནས་རི་བྱིན་རླབས་ཆེ་བས་མཆོད་གྲིབ་སེལ་གྱི་བདུད་བརྩིའི་དང་གཉིས་སུ་མ་མཆིས།

雨后彩虹 >>>

沙棘林之巅 >>>

野花盛开 >>>

云雾山 >>>

春的气息 >>>

大地春色 >>>

春归 >>>

上图：牧场夏色　下图：多彩夏季　右图：繁花似锦

>>>

金色土地 >>>

红叶 >>>

层林尽染

>>>

醉人秋色 >>>

迷人秋景 >>>

五彩山景 >>>

左图：冬雪　右图：曲曲弯弯

>>>

雪山 >>>

雪路

>>>

冬月

>>>

矗立风雪中 >>>

左图：云缠梦绕　右图：云朵如帛

>>>

红景天地

>>>

秋天醉了 >>>

山色如画 >>>

夕照山川 >>>

雪山倒影 >>>

杜鹃增色

>>>

三色湖全景 >>>

黑湖景色 >>>

香格拉冰川 >>>

上图：冰川奇景　右上：飞流直下　右下：湖色天香　>>>

达宗遗址 >>>

雪色三色湖 >>>

湖水云雾

>>>

左图：白湖波光　中图：玲珑黄湖　右图：白湖一隅 >>>

下图：全景三色湖 >>>

金岭迷幻 JINLING MIHUAN

左上：金色草原　左下：远古沙棘林　下图：千年冰川湖 >>>

金岭晨雾 >>>

左图：梦幻仙境 >>>

右图：藏村雾色 >>>

远山光影 >>>

ཡུལ་ལུང་སྐྱིད་ཤིང་མི་རྣམས་དཔའ་ངར་ལྡན།

སྐུ་ཉིད་དཔལ་འབར་དུ་ཕེབས་ཚེ། ཡུལ་དེ་ནི་ཐོན་ཁུངས་བཟང་ཞིང་ནོར་བུའི་བང་མཛོད་འདྲ་ལ། ཡུལ་ལུང་སྐྱིད་ཤིང་མི་རྣམས་དཔའ་ངར་ལྡན་པའི་གནས་མཆོག་ཅིག་རེད། ཡུལ་དེར་རྩ་ཆེའི་སྨྲིག་ཆགས་དང་རང་བྱུང་སྐྱེ་དངོས་དེ་བཞིན་གཏེར་ཁའི་ཐོན་ཁུངས་ཕུན་སུམ་ཚོགས་པོ་ཡོད་པས་ནོར་བུའི་བང་མཛོད་དང་གཉིས་སུ་མ་མཆིས། ཡུལ་དེར་གཏམ་རྒྱུད་ཤིན་ཏུ་མང་ལ་ལྷག་པར་དུ《གེ་སར་རྒྱལ་པོའི་སྒྲུང་གཏམ》དར་ཁྱབ་ཤིན་ཏུ་ཆེ་ཞིང་སྙན་པའི་གྲགས་པ་ཕྱོགས་བཞིར་ཁྱབ་པའི་སྒྲུང་པ་རྒན་གྲས་གྲགས་པ་ཡོད་ལ། གཞན་ཡང་ལོ་ན་ཆུང་བའི་བྱིས་པ་སྲིད་ཐར་རྡོ་རྗེས་གེ་སར་གྱི་སྒྲུང་གཏམ་ཆ་རྒྱུགས་པ་ལྟར་བརྗོད་ཐུབ་ཀྱི་ཡོད། དཔལ་འབར་གྱི་མི་རྣམས་ནི་བློ་རིག་བཀྲ་ཞིང་ལས་ལ་བརྩོན་པ་མ་ཟད། གཞས་དང་ཞབས་བྲོར་ཧ་ཅང་དགའ། དེ་བས་ཀྱང་རལ་པ་ནི་ཡུལ་དེའི་དམིགས་བསལ་གྱི་བྲོ་ཞིག་ཡིན་ལ། རལ་པའི་འབྱུང་ཁུངས་དང་རྒྱ་མཚོ་ལྷ་བུ་ཡིན་ཞེས་བརྗོད་ཆོག དཔལ་འབར་གྱི་བྲོ་དང་། ལ་གཞས། ལྡེབས་རིས། བཀྲོས་དཀྱིལ། ཐང་ག་སོགས་དམངས་ཁྲོད་ཀྱི་སྒྱུ་རྩལ་ནི་ཁམས་ཁུལ་ཡོངས་ལ་སྐད་གྲགས་ཆེ་ཞིང་།《གེ་སར་རྒྱལ་པོའི་སྒྲུང་གཏམ》དང་དཔལ་འབར་གྱི་བྲོ་ནི་རང་སྐྱོང་ལྗོངས་རིམ་པའི་མངོན་མིན་རིག་གནས་ཤུལ་བཞག་ནང་དུ་བཙུག་ཟིན་པའོ། དཔལ་འབར་དགོན་དུ་ད་བར་ཉར་ཚགས་བྱས་པའི་ཡོན་དང་མིང་དེ་བཞིན་ཆེང་སོགས་རྒྱལ་རབས་ཁག་གི་རིན་ཐང་གཞལ་དུ་མེད་པའི་རིག་དངོས་བརྒྱ་ཕྲག་ཡོད་པ་དེ་དག་ནི་ཡུལ་དེའི་མི་རྣམས་ཀྱི་གཅེས་ནོར་ལྟ་བུར་བརྩི་བཞིན་ཡོད། དཔལ་འབར་གྱི་གཏེར་ཁའི་ཐོན་ཁུངས་དང་སྐྱེ་དངོས་ཐོན་ཁུངས་ཕུན་སུམ་ཚོགས་པོ་ཡོད་ཅིང་། སྨྱུག་བརྟོན་བྱས་པའི་གཏེར་ཁ་ནི། རྗེ་ཤེལ་དང་། དངུལ། ཆན་སོགས་ཡོད་པ་དང་དེ་བཞིན་ནད་དཀར་དང་། པད་ཁ། དབྱར་རྩ་དགུན་འབུ། སྣེ་བ་སོགས་ཁྱད་ལྡན་ཐོན་ཐོག་མང་པོ་ཡོད་པ་མ་ཟད། བོད་ཀྱི་གསོས་ཤིང་དང་ཙན་དན་དེ་བཞིན་ལྕ་ཤིང་ཤུག་པ་སོགས་སྲིད་ན་དཀོན་པའི་སྐྱེ་དངོས་ཤིན་ཏུ་མང་།

尼木乡说唱艺人达吉 >>>

左页图：金岭姑娘 >>>

左图：姑娘的笑脸 >>>

下图：康巴汉子 >>>

达孜遗址 DAZI YIZHI

达孜遗址 >>>

上图：遗址内景　下图：粮仓　>>>

上图：达孜古代石刻群　右图：达孜古代石刻

>>>

上图：边坝寺　下左图：为玉树祈福　下右图：转经的老人 >>>

左图：边坝寺—边坝文化的根 >>>

巍峨帕雄寺 >>>

左上：阿益寺　左下：长卡寺　>>>

右图：佛像——现存于边坝寺的唐代文物　>>>

下图：古代壁画　>>>

上图：转塔　下图：心的丈量 >>>

右图：朝拜 >>>

锅庄文化 GUOZHUANG WENHUA

右一：金岭锅庄　右二：三色湖锅庄 >>>

下图：汉子的舞步 >>>

舞动三色湖 >>>

下图：袅袅炊烟 >>>

右上：小村色彩　右下：金岭藏家 >>>

金色的土地 >>>

上图：金色故乡 >>>

下左：高高的藏村　下中：冬日民居　下右：藏家色彩 >>>

左图：金色藏寨　右图：藏村霞光

>>>

上图：山花烂漫 >>>

右左上：贝母花　右左中：野花　右左下：山花 >>>

右左上：山花　右右中：山花　右右下：夏贡拉雪莲 >>>

上图：倘徉花海中　　右一：牦牛 >>>

右二：戏水白湖——黄鸭　右三：绵羊 >>>

秋牧 >>>

展翅飞翔

>>>

古风遗韵

Gufeng Yiyun

走近边坝，您更会感受到她硕洛边遗风犹存和当地人民淳厚质朴的个性。人们世代逐水、草、林而居，食以乳酪牛羊肉、青稞，穿、用以裘皮和毛织品，行以马、牛代步和驮运。而今，每逢风和日丽的假期和节日，人们便扶老携幼到郊外的林卡、草地，席地而坐，喝着酥油茶、青稞酒，弹唱传统民歌，兴致来时更是翩翩起舞。每年藏历六月四日是边坝的朝山节，这一天也是三色湖的盛大节日，无数信众从四面八方涌来，不论是摇着经筒，还是捻着佛珠，或者是磕着长头，人们心中只有一个意念，那就是绕着三色湖走上一圈。据说，转三色湖有无上的佛法功德，信徒在转湖过程中，口诵莲花生九字真言的护身咒语，每转一圈相当于念诵一亿遍的功德。同时，边坝也是一个英雄辈出的地方，边坝人民历来就富有爱国主义和反抗外国侵略的优良传统。1904年，英帝国主义侵略西藏，边坝僧尼、群众百余人前往江孜县参加支援江孜保卫战，壮烈殉国，谱写下了一部悲壮的英雄史诗。

བགས་ཕེབས་ཀྱི་འཚོ་བར་རོལ།

དཔལ་འབར་གྱི་མི་རྣམས་བློ་བདེ་བགས་ཕེབས་ཀྱི་འཚོ་བར་རོལ་ཞིང་། དབྱར་དུས་ཀྱི་དུས་བཟང་དང་ངལ་གསོའི་སྐབས། སྐྱེས་ཕོ་མོ་རྒན་དར་གཞོན་གསུམ་དང་པ་པད་མཆོར་འཛུག་པ་བཞིན། གླིང་ཁར་དགའ་བདེའི་དཔལ་ལ་རོལ་ནས་བཟའ་བཏུང་ལོངས་སུ་སྤྱོད་པ་དང་། ཆབས་ཅིག་སྙན་པའི་གླུ་དབྱངས་ལེན་ཞིང་དགའ་བའི་བྲོ་གར་འཁྲབ་བཞིན་ཡོད། ལོ་ལྟར་བོད་ཟླ་དྲུག་པའི་ཚེས་༤ ཉིན་ནི་དཔལ་འབར་གྱི་གནས་རི་གནས་བཟང་མཇལ་བའི་དུས་བཟང་ཡིན་པ་གང་ཞིག མཚོ་མཇལ་ཞུ་བའི་དུས་བཟང་ཡང་ཡིན་པས། དེའི་ཉིན་ཕྱོགས་བཞི་མཚམས་བརྒྱད་ནས་ཡོང་བའི་དད་ལྡན་མང་ཚོགས་རྣམས་ལུས་ངག་ཡིད་གསུམ་རྣམ་པར་དག་པའི་སྒོ་ནས་མཆོད་དཀར་ནག་སེར་གསུམ་ལ་བསྐོར་བ་བསགས་བཞིན་མཆིས། དཔལ་འབར་ཞེས་པའི་གནས་འདི་ནི་དཔའ་བོ་ཐོན་ཡུལ་ཞིག་ཡིན་ཞིང་། ཕྱི་ཡི་དགྲ་བོ་མཐར་སྐྱོད་དང་ནང་གི་གཉེན་ཉེ་སྐྱོང་མཁན་ཞིག་ཡིན་པས་ཡུལ་དེའི་མི་དམངས་ཀྱིས་སྔ་ཕྱི་བར་གསུམ་དུ་རྒྱལ་གཅེས་ཀྱི་དར་ཆ་མཐོན་བསྒྲེངས་ཏེ། ཕྱི་རྒྱལ་གྱི་བཙན་འཛུལ་ལ་འགོག་རྒོལ་མཐའ་གཅིག་ཏུ་བྱེད་ཐོད་པའི་སྙིང་སྟོབས་ལྡན། ༡༩༠༤ལོར་དབྱིན་ཇི་བཙན་རྒྱལ་རིང་ལུགས་ཀྱིས་བོད་ལ་འདྲེ་ལག་སྐྱོང་སྐབས། དཔལ་འབར་གྱི་སེར་སྐྱ་མང་ཚོགས་བརྒྱ་ཕྲག་གིས་རྒྱལ་རྩེའི་དབྱིན་འགོག་དམག་འཁྲུག་ནང་ཞུགས་ཏེ། རང་སྲོག་བློས་བཏང་བྱས་པའི་དཔའ་བོའི་མཛད་རྗེས་ཀྱི་ལོ་རྒྱུས་བརྩམས་ཡོད།

左图：耍坝子　上图：摔跤　　>>>

上左：水磨坊　上右：牧区生活——打酥油茶　下图：劳作

>>>

收获的舞蹈——收豌豆 >>>

百岁老人和她的曾孙们 >>>

上左：相依相伴

上右：为子孙祈祷吉祥

下图：祈祷

>>>

上图：悠闲的牦牛　下图：忠诚的卫士

>>>

湖边情侣

>>>

希望之光

Xiwang Zhiguang

沧海桑田，岁月如歌。当茶马古道已成往昔岁月，走近边坝，您也走进了一片陌生的土地。巍巍夏贡拉雄风依然，滔滔麦曲河蜿蜒向东奔流不息，远古沙棘林婆娑摇曳长出了新绿，千年冰川散发出了青春的活力，古老的吉祥火焰正熊熊燃起现代征途的希望之光——一个文明、富裕、和谐的新边坝正在中华大地上拔地而起。

走近边坝，您就走进了一个清新的世界，一个世外桃源的边坝。

美丽的边坝欢迎您！

རེ་བའི་འོད་སྣང་།

དུས་ཀྱི་འཁོར་ལོ་དེ་ཉིད་ཆུ་མོའི་རྒྱུན་བཞིན་སྐད་ཅིག་ཙམ་ཡང་ཁོམ་པ་མེད་པར་རྒྱུགས་ཅིང་། ཇ་འདྲེན་གནའ་ལམ་དེ་ཉིད་སྔོན་འབྱུང་གི་གཏམ་རྒྱུད་ཡིན། དཔལ་འབར་གྱི་ཡུལ་དེ་ནི་ནམ་ཡང་མཐིལ་རྫོགས་དཀའ་བའི་གསང་བའི་ཡུལ་ཞིག་ཡིན། བརྗིད་ཉམས་ལྡན་པའི་ཤར་གོང་ལ་ནི་སྔར་མུས་བཞིན་འགྲིང་ངེར་གནས་ཤིང་། ལང་ལོང་དུ་འཕྱུར་བའི་དམེ་ཆུ་ནི་རྒྱུན་ཆད་མེད་པར་ཤར་དུ་རྒྱུགས་པ་དང་། གནའ་བོའི་ཁྱི་འཚེར་སྔོང་པོར་ཡལ་འདབ་གསར་པ་སྐྱེས་ཡོད་ལ། ལོ་ངོ་སྟོང་གི་འབྲུག་རྔམ་ལ་ཡང་ཆོའི་གསོན་ཤུགས་འཕེལ་བཞིན་ཡོད་ལ། གནའ་བོའི་བཀྲ་ཤིས་དཔལ་འབར་དེ་ཉིད་དེང་རབས་ཀྱི་ལམ་བུའི་སྟེང་རེ་བའི་མེ་ལྡེ་དགུང་དུ་འཕྱུར་བཞིན་ཡོད་པས་ན།

འདི་ནི་དཔལ་ཡོན་དང་། ཕྱུག་པོ། གཞི་མཐུན་བཅས་ལྡན་པའི་དཔལ་འབར་དེ་ཀྲུང་ཧྭ་ཡི་ས་གཞི་ཆེན་མོའི་སྟེང་འགྲིང་ངེར་ལངས་ཐུབ་པའི་བཀྲ་ཤིས་མཚོན་རྟགས་རང་རེད།

སྐུ་ཉིད་དཔལ་འབར་དུ་ཕེབས་རྒྱུར་དགའ་བསུ་ཞུ།།

左图：挺进　上图：翻越大山的温暖　下图：电波送祝福　>>>

会土边坝
走进西藏东部深处的秘地

上图：飘扬 >>>

右上左：天真的孩子　右上中：渴望　右上右：苦读　右下：求知的眼神 >>>

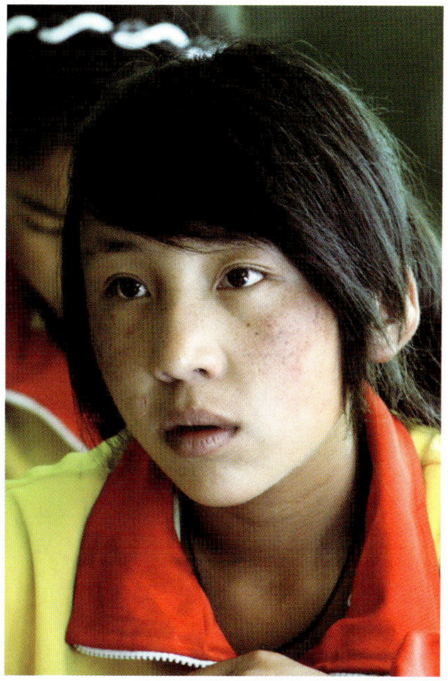

八年级(一)班主办

祥云 >>>

星夜兼程 >>>

展望未来

>>>

边坝县旅游路线图

路线一（908公里）：

拉萨——纳木错神湖——那曲——比如——达慕寺骷髅墙——边坝尼木乡——边坝县

路线二（489公里）：

昌都——益达拉怒江天险——加玉桥——五指山——洛隆县——拉孜乡——三色湖——边坝镇——边坝县

边坝县内旅游路线图

路线一（50公里）：

边坝县城——草卡镇（奇石）——边坝镇（边坝寺）——三色湖风景区（三色湖、高山瀑布、滩涂湿地、沙棘林、达宗遗址、香格拉冰川）

路线二（90公里）：

边坝县城——草卡镇（奇石）——金岭乡风景区（金岭民居、远古沙棘林、高原谷地牧场、千年冰川湖、高原湿地）

路线三（80公里）：

边坝县城——马秀乡——尼木乡（高山牧场、寺庙、民居）

圣土边坝——走进西藏东部深处的秘地

总 顾 问：杨　杰

总 策 划：刘　刚 邓文昌

策　　划：于君伦 陈军武 斯郎达吉 吴　平 倪　勇

摄　　影：于君伦

特邀摄影：阿　春 晓　伟

摄影助理：胡宗斌 肖文武 刘永刚 闻学东 俊美斯郎 巴　桑 康　玛

特邀演员：康　珠 巴　桑

撰　　稿：于君伦 陈文志

藏文策划：李富强 吉　律

藏文翻译：普布次仁 益西桑布 普布顿珠

藏文校对：普布顿珠 仁增旺秀

资　　料：边坝县志办、县档案室

出　　品：中共西藏自治区边坝县委员会
西藏自治区边坝县人民政府
中国电信对口援助西藏边坝县办公室

特别鸣谢：西藏自治区编译局